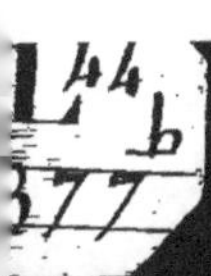

DESCRIPTION

DES

Emblêmes, inscriptions et monumens allégoriques qui decoroient les places et les édifices publics de la ville de Cologne,

A L'OCCASION DU SÉJOUR DE

LEURS MAJESTÉS IMPÉRIALES

NAPOLÉON et JOSEPHINE.

Du 24 au 29 Fructidor, an XII.

*I*l est peu de villes dans l'Empire François qui rappellent autant de souvenirs et fournissent plus de rapprochemens historiques que la ville de Cologne. L'analogie des tems de son élévation et de sa splendeur au siècle de merveilles où nous vivons, a dû naturellement prêter à des allusions aussi heureuses que sublimes.

C'est aux soins et à l'érudition de M. le professeur WALLRAF, à qui la direction des fêtes préparées pour L. L. M. M. avoit été confié, qu'on doit les idées frappantes et les inscriptions ingénieuses qui décoroient les places et les édifices publics.

M. le maire a senti tout le prix du séjour de nos augustes Souverains dans une ville qui réclame, à tant de titres, leur haute protection ; il n'avoit rien négligé pour le leur rendre agréable et pour leur manifester d'une manière non équivoque l'amour et le dévouement des Colonois : aussi les témoignages de l'allégresse publique ne furent jamais plus vifs, ni plus unanimes.

Le commerce et la communauté des bateliers ont rivalisé d'efforts et de libéralité pour seconder le maire dans ses préparatifs. L'illumination a parfaitement réussi et a obtenu les suffrages de L. L. M. M. I. I. qui ont honoré le port de leur présence.

Si, pour satisfaire aux désirs de plusieurs personnes de marque, on a essayé la traduction des inscriptions latines ; on se flatte que le savant et le connoisseur, qui n'ignorent pas les difficultés d'une version littérale et sentent l'insuffisance d'une traduction périphrasée, auront de l'indulgence pour celle-ci en faveur du motif qui l'a dictée.

L'ÉDITEUR.

ARC DE TRIOMPHE

aux portes du Coq et de l'Aigle (Eigelstein).

L'arc de triomphe érigé à l'entrée de L. L. M. M. I. I. dans la ville avoit environ 60 pieds de hauteur et couvroit toute la maçonnerie de la porte principale; il étoit d'un stile noble et riche, se mariant avec beaucoup d'art à l'architecture antique de la porte et de la tour qui la surmonte. Les colonnes supportant l'arc sont dessinées dans un sens allégorique et analogue aux exploits du vainqueur de l'Egypte et aux travaux du Souverain d'un vaste et puissant Empire. Au centre et sous la voute de l'arc, paroissoit la renommée sortant des airs et s'élançant au devant du héros. Des trophées militaires enrichissoient les parties latérales. Le faîte étoit couronné d'une galerie attique portant l'inscription suivante:

ADVENTVI. AVGVSTI. ET. AVGVSTAE
DEVOTA. NVMINIBVS. MAIESTATIQVE. EORVM.
COLONIA. CLAVDIA. AGRIPPINA

Les ailes extérieures du monument offroient à leur base des simboles ingénieux représentant le Rhin et la Roër; elles étoient divisées en compartimens, ceux du milieu portoient des trophées en relief figurant l'art du gouvernement et le commandement militaire. Les compartimens supérieurs encadroient des médailles romaines, l'une à la tête de l'Empereur, sous laquelle une massue d'Hercule couronnée d'une étoile et un caducée en sautoir, avec ces mots : NAPOLÉON IMP. FRANCORVM. P. F. AVG. *(Pius felix Augustus).* Le revers de cette médaille représente la France assise sur le globe qui, dans sa rotation, semble écraser un serpent et un lion; d'une main elle lance sur les monstres la foudre de la vengeance et de l'autre elle tient un faisceau. La légende porte:

NIL. LICET. INVIDIAE. DVM. FRANCIA. PROSPICIT. ORBI. (Dans l'exergue:
AN. IMP. I.)

Tant que la France présidera aux destinées du monde, l'envie ne
pourra l'atteindre. — (L'an I. de l'Empire).

L'autre médaille placée vis-à-vis la précédente, représente les quatre départemens du Rhin, par autant de petits bustes, avec différentes figures simboliques relatives à l'agriculture, la culture des vignes, la navigation et le commerce, avec cette légende :

CVRA. PROVV. (inciarum) RHENI. GALLIAE. RECVPERAT. (arum)

Les provinces de la Gaule Cis-Rhenane reconquises attestent ta
bonté et tes soins.

Sur le revers de la médaille, on voit la France serrant la main à la ville de Cologne près l'autel de la Concorde, avec cette inscription :

SIDVS. ANTIQVI. LIMITIS. AGRIPPINA. RENASCERE

Renais, Agrippine, astre éclatant des anciennes limites !

Les extrémités de l'arc sont ornés de palmesques et de larves étrusques.

II.

Place d'armes.

Au milieu de cette place grande et belle s'élève un superbe obélisque, construit dès l'année dernière, lorsqu'on s'attendoit à voir dans nos murs S. M. I., alors Premier Consul. Cet obélisque a 80 pieds de hauteur, il est établi sur des debris et semble sortir des ruines d'architecture et de murailles antiques qui entourent sa base en forme de monticule. Les quatre faces portent les devises suivantes :

NAPOL. BONAEPARTI
COS. MAXIMO. PERPETVO
VBIQVE. TERRARVM. VICTORI. PACIFICO
LVSTRATIS. QVAS. FRANCORVM. IVRI
ET. IMPERIO. RESTITVIT. PROVINCIIS
IN. HAC. ANTIQVI. LIMITIS
METROPOLI. FELICISSIMA
EXSPECTATO. HOSPITI
CIVITAS. AGRIPPINENSIVM. P.
A. XI.

———

NVMINI. GENIOQVE. EIVS. FEL. ET. INVICTO
QVOD. E. TANTIS. RVINIS
MOLEM. EXCITAVIT. LVCIFERAM
QVOD. FVNDAVIT. TRIVMPHIS
CINXIT. FOEDERATIS. ORNAVIT. LEGIBVS
STABILIVIT. ARIS
FVTVRVM. HVMANITATIS. ASYLVM
ARTIVM. OLYMPVM. TRIBVNAL. NATIONVM
REMPVBL. LIB. INDIVISAM. AETERNAM.

———

A L'IMMORTALITÉ
DE NAPOLÉON BONAPARTE.

L'AUGUSTE TRIOMPHATEUR
RÉUNIT LES COURONNES
DONT UNE SEULE
SUFFISOIT POUR ÉTERNISER
LES HÉROS DE L'ANTIQUITÉ.

CITOYEN ! IL EST TA GLOIRE ET TON APPUI —
GUERRIER ! IL EST TON PÈRE ET TON MODÈLE. —

DEM RETTER UND VATER DER FRANKEN
NAPOLEON
HEBT SICH DIESES LICHTTRAGENDE BILD
SEINER SCHÖPFUNG
ÜBER DEN TRÜMMERN DES VERGANGENEN
HIER IN DER ALTEN UFERHAUPTSTADT DES RHEINS,
IN DESSEN WOGEN
DER NEUE HERCULES
GALLIENS GRÄNZESÄULEN WIEDER ERRICHTETE.

La place a été illuminée les 26 et 27 fructidor. Elle offroit le coup-d'œil le plus brillant. Tous les arbres étoient chargés de lampions depuis leur tronc jusqu'à leur couronne. Le jeu et le reflet des lumières, la riche perspective, le contraste de la verdure et des ombres qui s'entremeloient et bordoient les allées paroissant tout en feu, excitoient l'admiration et l'extase d'une foule innombrable de spectateurs. Aux quatre coins de la place s'élévoient des colonnes surmontées d'aigles et portant ces inscriptions :

AU GENIE DE NAPOLÉON LE JUSTE, L'INVINCIBLE.

L'HUMANITÉ RECONNOISSANTE
A
L'IMPÉRATRICE JOSEPHINE.

A LA PERPETUITÉ DE L'EMPIRE
ET DE
L'AUGUSTE MAISON BONAPARTE.

AUX DÉFENSEURS DE LA PATRIE.

Au côté occidental se voyoit un soleil lumineux renfermant dans son foier les noms de Napoléon et de Josephine.

En devant du soleil un croissant portant ces mots :

LVMEN. DA. PHOEBE! SORORI!

Allusion à la situation topographique de Cologne qui s'étend en forme de croissant sur les bords du Rhin.

Vis-à-vis les deux faces latérales de l'obélisque se trouvoient deux transparens peints par un de nos plus habiles artistes, M. Manskirsch le jeune. L'un représentoit la bataille de Marengo avec cette inscription :

CVI. LAVRVS. AETERNOS. HONORES
MARENICO. PEPERIT. TRIVMPHO (Horat.)

Au héros que la journée de Marengo a couvert de lauriers immortels.

———

L'autre tableau présentoit le débarquement de Bonaparte à Fréjus avec cette inscription :

NIL. DESPERANDVM. TANTO. DVCE. ET. AVSPICE. TANTO (Horat.)
TERTIA. LVX. CLASSEM. CRETAEIS. SISTET. IN. ORIS (Virg.)

Allusion ingénieuse à la prochaine descente en Angleterre.

Un troisième transparent, au côté oriental de la place, représente l'empereur sous la figure de Thésée délivrant la patrie et foulant à ses pieds l'affreux minotaure. Les provinces et les villes lui expriment leur reconnaissance en différentes manières. Cologne embrasse la massue libératrice entourée de branches d'olivier. On voit dans les airs César, Trajan, Agrippine, Constantin et Rubens étonnés; Agrippine se rejouit de la présence de Napoléon dans sa colonie. Une épigraphe sortant des nuages porte ces mots :

VIRVM. — CONSPEXERE. — SILENT
Ils l'ont vu, ils se taisent.

Au-dessous du tableau on lit :

FVLMINAT. *INFIDOS.* BELLO. VICTORQVE. VOLENTES
PER. POPVLOS. DAT. IVRA. VIAMQVE. ADFECTAT. OLYMPO (*) (Virgil.)

Le palais de l'Empereur, situé à l'angle oriental de la place d'armes, donnoit à S. M. le loisir de considérer de ses fenêtres les effets vraiment magiques de l'illumination.

III.

Hôtel de ville.

On connoit la noble architecture du portique de l'hôtel de ville de Cologne; il a été bâti en 1571 dans un style pur., à deux étages supportés par de colonnes Corinthiennes et de l'ordre composite.

Des transparens d'une belle composition, tendus dans les entrecolonnes, offroient différens emblêmes, parmi lesquels on en distinguoit deux représentant des lectisternes; l'un portoit un aigle foudroiant, avec cet épigraphe :

CAESARI
VINDICI. TVTORI. R. P.
INVICTO. PERPETVO

A César, vengeur, père de la République, invincible et immortel.

L'autre avec un paon, étoit dédié à l'Impératrice avec l'épigraphe :

IOSEPHINAE. AVG.
IUNONIAE. MINERVIAE.
SALVTIFERAE.

A Joséphine douée de majesté, de sagesse et de vertus.

(*) Inscription appliquée, par l'auteur, à la fête de paix en l'an X.

Au milieu de ces deux transparens paroît l'Apothéose de la maison impériale avec cette dédicace:

AETERNAE
IMPERII. ET. DOMVS. AVGVSTAE
PROPAGINI
ANTIQVISSIMA. FRANCORVM. SOBOLES
VBIORVM. COLONIA

On a remarqué sous d'autres tableaux quelques passages extraits de Claudien, parmi lesquels nous citerons :

ET. PRISCAE. REDEANT. ARTES. FELICIBVS. INDE
INGENIIS. APERITVR. ITER. DESPECTAQVE. MVSAE
COLLA. LEVANT. OPIBVSQVE. FLVENS. ET. PAVPER EODEM
NITITVR. AD. FRVCTVM. STVDIO. QVVM. QVAERIT. VTERQVE
QVOD. NEC. INOPS. IACEAT. PIETAS. NEC. INERTIA. SVRGAT
DIVITIIS.

CLAVDIAN.

EN. CVI. DISTVLIMVS. MELIORIS. SAECLA. METALLI
CAESAR. ADEST. ITE. OPTATI. MORTALIBVS. ANNI
REDDITE. VIRTVTES. HOMINVM, FLORESCITE. RVRSVS
INGENIIS. HILARES. BACCHO. FRVGVMQVE. FERACES

CLAUD.

POPVLOS. DOMINANDI. RVRSVS. IN. VSVM
EXCITAT. VT. MAGNOS. CALCET. METVENDVS. HONORES
PENDAT IVSTITIA. CRIMEN. PIETATE. REMITTAT
ERROREM. PVROSQVE. PROBET. DAMNETQVE. NOCENTES
ET. PATRIAS. ITERVM. CLEMENS. EXERCEAT. ARTES

CLAVD.

2

IN. GEMINAS. AXES. — *FRANCORVM. INTERRITA. VIRTVS*
DISPERSIT. CVM. SOLE. MANVS. ATQVE. OBVIA. FATIS
INNVMERAS. VNO. GERERET. QVVM. TEMPORE. PVGNAS
NVSQVAM. SVCCVBYIT. REMISQVE. INGRESSA. PROFVNDVM
VINCENDOS. ALIO. QVAESIVIT. IN. ORBE. BRITANNOS

CLAVD.

Ces passages ne sont pas susceptibles de traduction, les beautés les plus frappantes et les allusions qu'ils renferment tiennent trop au génie et à la propriété de la langue latine.

L'illumination du portique et surtout des ornemens gothiques du toit de plomb qui le couvre, étoit d'un effet admirable.

IV.

Illumination du Port.

L'illumination du port-libre, du quai et du fleuve même ne laissoit rien à désirer sous les rapports de l'ordonnance, du goût et de l'effet des lumières.

On voyoit en perspective un grand nombre de navires hollandois rangés en amphitéatre dont le fond s'étendoit jusqu'au Thalweg.

Les autres bâtimens et bateaux de moindre grandeur étoient horisontalement rangés le long du quai ; tous étoient pavoisés et des guirlandes de verdure, auxquelles étoient suspendues de reverbères, enlaçoient les mâts et les agrés de l'un à l'autre de ces navires.

La poupe, la proue et la galerie des bâtimens étoient garnies de laternes de differentes couleurs qui refluoient leurs feux variés dans les eaux tranquilles du Rhin et formoit l'aspect le plus rejouissant.

Au centre de l'amphitéatre se présentoit un des plus grands navires appartenant au capitaine Berghem, transformé en char de Neptune, atelé de deux chevaux marins et entouré de tritons et de sirènes boudissant autour des noms illuminés de NAPOLÉON et de JOSEPHINE.

Du milieu du navire s'élevoit la statue de Neptune commandant aux ondes et guidant le vol des aigles. La galerie supérieure du navire étoit ornée de joncs marins et de différens emblêmes, et le reste complettement illuminé.

On voyoit dans l'éloignement un bateau plat, portant un obélisque, surmonté d'un aigle doré, illuminé jusqu'à son sommet, et entouré d'une galerie élégante.

Des bateaux lançoient des fusées et tiroient des feux d'artifices tandis que d'autres portoient des orchestres ; les sons harmonieux de la musique se meloient au ronflement de l'artillerie que l'echo répétoit au loin.

Le bâtiment du capitaine Everts, l'un des plus grands et des plus beaux, que S. M. l'Impératrice avoit déjà visité la veille, étoit amaré au rivage et réuni au quai par deux ponts élégamment décorés. Le buste de S. M. l'Empereur, couronné de lauriers, se trouvoit placé sur le tillac entre les statues d'Hercule et de Minerve. A côté, un bâtiment semblable étoit préparé pour la suite de l'Empereur.

L'illumination du quai répondoit à l'ordonnance du tout ; on distinguoit aux deux extrémités du pont deux halles ïoniques encombrées de ballots de marchandises, richement grouppées et parsemées de couronnes de chêne. Les frontons portoient des figures allégoriques dont l'un offroit l'inscription suivante :

MEMORIAE

ANTIQVI. FLORIS

ET

AEVI. HANSEATICI

En mémoire de l'ancienne splendeur et du siècle anséatique.

L'inscription de l'autre fronton portoit ces mots :

PVBLICAE. LAETITIAE

PVBLICI. BONI. CAVSSA

SOCIETAS. COMMERC. COL.

A l'allégresse et à la prospérité publique, le corps des négocians de Cologne.

La partie essentielle de la fête s'offroit au milieu du port, où la maison destinée à la réception de L. L. M. M. est située. L'illumination de l'espèce de tour demi-circulaire qu'elle forme, prétoit aux décorations qu'on y avoit appliquées l'illusion la plus complette. Le balcon étoit transformé en un trône richement décoré, d'où L. L. M. M. ont pu porter la vue sur toute l'étendue du Rhin et du port illuminés.

Une frise composée de divers emblêmes, embrassoit le contour du bâtiment; au-dessous se lisoient quatre tableaux portés par des aigles, encadrés de palmesques et surmontés de huit médaillons.

Le premier tableau avec les médaillons de Jules César et d'Agrippine porte l'inscription suivante :

CAESARVM. HOC. IN. LOCO. VESTIGIA. CALCAS

NAPOLEON

HEIC. DIVVS. IVLIVS. CONIVNCTIS. PRIMO. SVBLICIO. PONTE. LITORIBVS

HEIC. AGRIPPA. AVGVSTI. PATRIS. NVTV. METATIS. CASTRIS

VTERQVE. ICTO. CVM. VBIIS. FOEDERE

EORVM. CIVITATI. GALLICIS. MORIBVS. DVDVM. ADSVEFACTAE

MERCATORVM. ADFLVXV. FREQVENTATAE. LOCVM. DESIGNAVIT

VT ARCERENT. NON. VT. CVSTODIRENTVR

HANC. VRBEM. SIBI. NATALEM

AGRIPPINA. AVG.

VT. GLORIAM. POP. ROM. ET. VIM. SVAM

SOCIIS. QVOQVE. ET. VICINIS. NATIONIBVS. OSTENDERET

VELVT. ALMAE. VRBIS. IMAGINEM

IN. SIDVS. ROM. LITORIS. EVEXIT

EQVITVM. ET. VETERANORVM. COLONIA

TEMPLIS. CAPITOLIO. GYMNASIIS. PRAETORIIS. THEATRIS. PORTV

AETERNOQVE. SVI. NOMINIS. HONORE. INSIGNIVIT

Le second, avec les médaillons de Trajan et de Constantin :

HEIC. SVBINDE. LECTI. CAESARES

HEIC. OPTIMI. PRAESENTES. VISI. HEIC. INCOLAE

CIVITATEM. AGRIPPINENSEM. DE. IMPERIO. SEMPER. BENE. MERITAM

IVRIBUS. SVFFRAGIIS. DIGNATIONIBVS. MONVMENTIS

MATREM. FINIVM

OPTATAM. TRANSRHENANIS. GENTIBVS

IMMO. INVIDENDAM. REDDIDERVNT. OPVLENTIA. AVCTVQVE

HOC. IPSO. VESTIGIO. AD. LIMITIS. ORNATVM

CONSTANTINVS. MAX.

AVGVSTALEM. SVI. PONTIS. MOLEM. FLVMINI. IMPOSVIT

PORTVM. CLASSIVM. STATIONE. INSTRVXIT

IVLIANVS. AVG.

VRBEM. AMPLISSIMI. NOMINIS. IMPERIO. SERVATAM

HIS. QVOD. IVSTE. CREDIMVS. PROPVGNACVLIS

IN LITORIS. METROPOLIM. MVNITISSIMAM. CONSTITVIT

Le troisième, avec les médaillons de Clovis et de Charlemagne :

HEIC. VBI. STAS. NAPOLEON

CESSIT. FRANCIS. ROMANA. VIRTVS

HEIC. FRANCICI. NOMINIS. CIS. RHENVM. CVNAS. AGNOSCE

NEC. ID. IAM. SINE. DIVINIS. TVAE. DOMINATIONIS

TVI. NOBIS. TAM. BEATI. ADVENTVS. AVSPICIIS. EVENISSE. SCIMVS

HEIC. DEMVM. CHLODOVEI. HEIC. AVSTRASIAE. REGES

HEIC. CAROLVS. ILLE. MAX. DIVEIQVE. POST. IPSVM. IMPP.

VRBEM. PALATINAM. ARAM SACRORVM

MVSARVM. ANTIQVAM. SEDEM

PORTVM. DENIQVE. ET EMPORIVM. OMNIVM. GENTIVM

QVAVIS. FACVLTATVM. ET. LEGVM. INDVLGENTIA

SACRAM. SARTAM. PVBLICAM. ET. FINITIMIS. POPVLIS. LIBERAM

ATQVE. DESIDERABILEM. CIVITATEM

ESSE. VOLVERVNT

Le quatrième avec les médaillons de Napoléon et de Josephine :

IDCIRCA. QVI. OMNIVM. TE. IN. VNO. CAESARVM. TRIVMPHOS
ET. FORTVNAM. CONSVMMAS
NAPOLEON
INTER. RESTITVTA. FRANCORVM. IMPERIO. PROVINCIARVM. ORNAMENTA
HANC. VRBIVM. RHENI. MERCVRIALIVM. HACTENVS. PRINCIPEM
DVDVM. IACTATAM. AB. AEMVLIS
NOVISSIMIS. CLADIBVS. VELVT. SIBI. IGNOTAM
ATQVE. IN. TANTA. EMPORII. OPPORTVNITATE
LIMITVM. FATO. RELICTAM. SPRETAM. COARCTATAM
NE. TAM. ANGVSTO. FRETV
LIBERTAS. ET. FELICITAS. DIVISA. COMPAREANT
CONCESSIS. CONLATIS. VNDIQVE. VTI. FAS. ET. SITVS. IVBENT
SVBSIDIIS. COMMODIS. INSTITVTIS. ORNAMENTIS
IN. PRIMAEVI. SIDERIS. DIGNITATEM
CAESARVM. OPVS. RESTAVRA

T R A D U C T I O N.

1.) Napoléon! que ce lieu où tu foules les traces des premiers Césars, soit digne d'arrêter tes pas et ce mur de fixer tes regards.

Voici l'endroit où l'immortel Jules César réunit les deux rives, par un pont de bois, pour protéger les Ubiens, nos premiers ayeux, et s'ouvrir la carrière des victoires qu'il a remportées sur les Germains.

Ici sont les collines qui bordoient le fleuve, alors partagé par une île agréable, où Marcus Agrippa sur l'indice de son père le puissant Auguste, établit le camp des Romains. Ce camp, sur les limites de l'ancienne Gaule, fut le berceau d'une ville qui jusqu'à nos jours a survécu dans une liberté inaltérable à la chûte de tant d'empires puissans.

Non loin de cet endroit s'élévoit le fameux autel des Ubiens où le serment de la concorde et de l'amitié qui les lioit au plus grand peuple de la terre, retentissoit jusqu'au lieu où nous nous arrêtons.

Déjà César trouva les Ubiens trans-rhénans accoutumés aux moeurs des Gaulois, se livrant au commerce et aux arts, visités par des marchands étrangers, plus opulens et plus policés que leurs voisins, justifiant enfin par leur vertu l'alliance des Romains.

Agrippa les engagea, comme amis de César, à s'établir sur la rive gauche du Rhin. Il leur confia sans crainte comme sans réserve la garde des frontières de l'Empire.

L'auguste Agrippine naquit ici. Elle voulut, pour montrer à ses alliés et aux nations voisines, la gloire du peuple romain et sa propre puissance, que sa ville natale devint l'image de la capitale du monde et l'astre des frontières.

Elle la peupla de colonies de chevaliers, de vétérans et d'artistes Romains; l'embellit d'un capitole, de gymnases, de temples, de palais, de cirques et y établit un port, enfin, elle immortalisa son ouvrage en lui donnant son nom.

2.) Cologne a vu élire et proclamer des Césars. Les meilleurs d'entr'eux l'ont illustré par leur présence, et l'ont distingué, comme ayant constamment bien mérité de l'Empire, en lui accordant des prérogatives, des monumens publics et lui assurant une protection spéciale. Ils l'ont nommé la métropole des frontières. Son opulence, son industrie la rendirent l'objet des voeux et de la jalousie des peuples transrhénans.

Ici Constantin le grand jetta son fameux et magnifique pont de pierre, l'ornement des confins de son Empire. Une partie de sa flotte occupoit le port.

L'Empereur Julien vola au secours de cette ville, alors célébre et importante, pour la conserver à l'empire; et ces tours sont encore reputées les restes de ses fortifications.

3.) Ces lieux rappellent l'époque mémorable où la puissance des Romains céda enfin au courage des Francs. C'est ici où vous trouvez le berceau du nom François. Heureux présage de vos hautes destinées, des jours prosperes de votre domination et de votre présence au milieu de nous!

C'est ici où Clovis, où les rois d'Austrasie, où Charlemagne et ses illustres successeurs avoient établi leurs cours de justice, consacré le siège de la religion et fixé l'asile chéri des muses.

Le port étoit un des principaux objets de leurs soins et de leur protection. Leur munificence encouragea par des privilèges et la liberté du commerce, l'industrie et les arts dans la vue de provoquer les peuples limitrophes à y verser leurs richesses.

4.) O toi! créateur d'un siècle nouveau, toi qui réunis la somme de fortune et de triomphes de tous les Césars, NAPOLÉON! vois parmi les ornemens de l'ancienne Gaule reconquise, cette ville intéressante pour le commerce et les arts, cette princesse des cités du Rhin, si long-tems l'objet de la rivalité des états voisins, maintenant méconnoissable à ses propres yeux, malgré sa situation propice et ses établissemens précieux, abandonnée et négligée, elle invoque ton génie restaurateur; elle se sent digne de ta sollicitude paternelle.

Réveilles dans son sein l'activité et la vigueur, ranimes l'émulation et l'industrie par les moyens dont tu disposes et que réclame la justice et notre situation, afin que la liberté et la prospérité ne se croient plus séparés par une barrière aussi étroite. Releves, tu le peux, l'ouvrage des anciens Césars à sa dignité et à sa splendeur primitives.

V.

A l'entrepôt réel.

Au-dessus du magasin de l'entrepôt on lisoit :

IACET. INGENS. LITORE. TRVNCVS :
HEIC. VITAM. — HVNC. NOBIS. DONES. *AVGVSTE* ! LABOREM
HANC. OPERAM. NE. NOSTER. HONOS. INFRACTAQVE. CEDAT
FAMA. LOCO   (Virg.)

Aux deux côtés du magasin, dont les murailles étoient parfaitement illuminées, se présentoient sur des pieds d'estaux les figures colossales du commerce et du Rhin avec leurs attributs et ces deux inscriptions :

SI. FATIS. SI. QVID. PIETATE. MEREMVR
PARCE. PIO. GENERI. ET. PROPIVS. RES. ASPICE. NOSTRAS (Virgil.)

LANGVET. — OPEMQVE. DEI. NON. CASSA. IN. VOTA. VOCABIT (Virgil.)

La principale grue du port étoit ornée de festons, de guirlandes. On y lisoit les vers suivans :

Héros, qui désarmas les fureurs de la guerre,
Au cri de la patrie et de l'humanité,
Tu respires déjà, dans l'encens de la terre,
Ton immortalité.

3

VI.

Porte de Markmannsgafse.

Un bas-relief représentant Napoléon en costume romain, debout au bord du fleuve et couronné des mains d'*Agrippine*, aidée du génie de la victoire, avec cette épigraphe :

NOSTRIS. SVCCEDE. PENATIBVS. HOSPES (Virgil.)
Nous te plaçons au rang de nos Penates.

Le pont volant, toujours passant et repassant le Rhin, étoit entièrement illuminé et ne contribuoit pas peu à l'embellissement de l'ensemble.

VII.

Ecole centrale.

Au fond d'un péristile s'offroit en perspective la statue emblématique de l'instruction, couverte et entourée d'un boccage de verdure et de plantes diversifiées par leur couleur et l'éclat des lumières qui se jouoient dans les feuillages; sur le devant et au milieu d'une allée d'arbustes qui conduisoit à la statue, un jet-d'eau ingénieusement éclairé par des réverbères cachés, faisoit le plus bel effet. L'ensemble et les détails de cette illumination étoient parfaitement ordonnés. La figure principale étoit surmontée d'un écusson présentant les simboles de l'harmonie, des arts et des sciences.

La porte d'entrée formant, pour ainsi dire, le cadre de la perspective, étoit complettement illuminée et offroit l'inscription ci-après :

PRAESENTIBVS. AVGVSTIS
QVIBVS. VELVT. HERCVLI. ET. MINERVAE
OMNES. MVSAE. SORORIAEQVE. GRATIAE
NOVAE. LVCIS. REVERSI. DECORIS. AEVVM. DEBENT
LAETITIAM. FIDEM. VOTA. PVBL. SVPREMA
D. D. SCHOLA CENTRALIS
INDVLGENTIA. AVGVSTI. IN. ACADEMIAM. VRBANAM. RENASCENS

L'auteur avoit arrangé un hymne destiné à être chanté dans le cas où S. M. l'Empereur auroit honoré l'école centrale de sa présence. Les paroles sont extraites d'Horace et très - heureusement appliquées à la circonstance. Les voici :

HERCVLI MVSAGETAE.

Quem Virum aut Heroa lyra vel acri
Tibia sumes celebrare Clio !
Quem Deum, cuius movet omne pindi
      Limen imago.

Herculis ritu Sociale Musis
Numen accedit BONAPARS! (*) et artes
Evocat priscas, laribusque miscet
      Phoebus amicum,

Quo nihil maius meliusque terris
Fata donavere bonique Divi
Nec dabunt, quamvis redeant in aurum
      Tempora priscum,

Arbitrum pugnae, cui Rhenus oras
Obtulit, per quem cecidere iusta
Morte Centauri, cecidit tremendae
      Flamma Chimaerae.

Laeta stet pubes edera virenti,
Concinens festosque dies et urbis
Publicum Ludum — super impetrato
      CAESARE felix.

(*) Horat. Lib. IV. Od. 2.

Iamque dum procedit, io triumphe !
Non semel dicemus, io triumphe !
Civitas omnis, dabimusque Divis

        Thura benignis.

Sin Agrippinam videt aequus urbem
Caesarum felix opus ad paternum
Flumen ; in longum meliusque semper

        Proroget aevum.

Ut fides et pax et honor pudorque
Priscus et neglecta redire virtus
Audeat, rerumque beata pleno

        Copia cornu.

Heic amet dici Pater ! *heic vocanti*
Laetus intersit populo et relictum
Filiæ *nomen levet in prioris*

        Omina lucis !

Nous nous dispenserons de parler de l'illumination des maisons particulières, et nous contenterons de dire que les citoyens de toutes les classes ont manifesté, à cette occasion, un enthousiasme sans exemple à Cologne. Si la sérénité de l'air, si le firmament dans son éclat merveilleux contribuoient admirablement à la beauté de la fête ; la présence de L. L. M. M., l'aspect du héros qui, le même jour venoit, par des concessions magnanimes de rendre la vie au commerce et l'espérance à une ville désolée, électrisoit tous les cœurs et portoit l'allégresse générale à son comble.

Cologne, de l'imprimerie de Th. F. Thiriart.